Impressum
Verlag: BABADADA GmbH, Nedderfeld 112 , 22529 Hamburg
Geschäftsführer / Verlagsleitung: Harald Hof
Druck: Books on Demand GmbH, In de Tarpen 42, 22848 Norderstedt

Imprint
Publisher: BABADADA GmbH, Nedderfeld 112 , 22529 Hamburg, Germany
Managing Director / Publishing direction: Harald Hof
Print: Books on Demand GmbH, In de Tarpen 42, 22848 Norderstedt, Germany

skola

школа

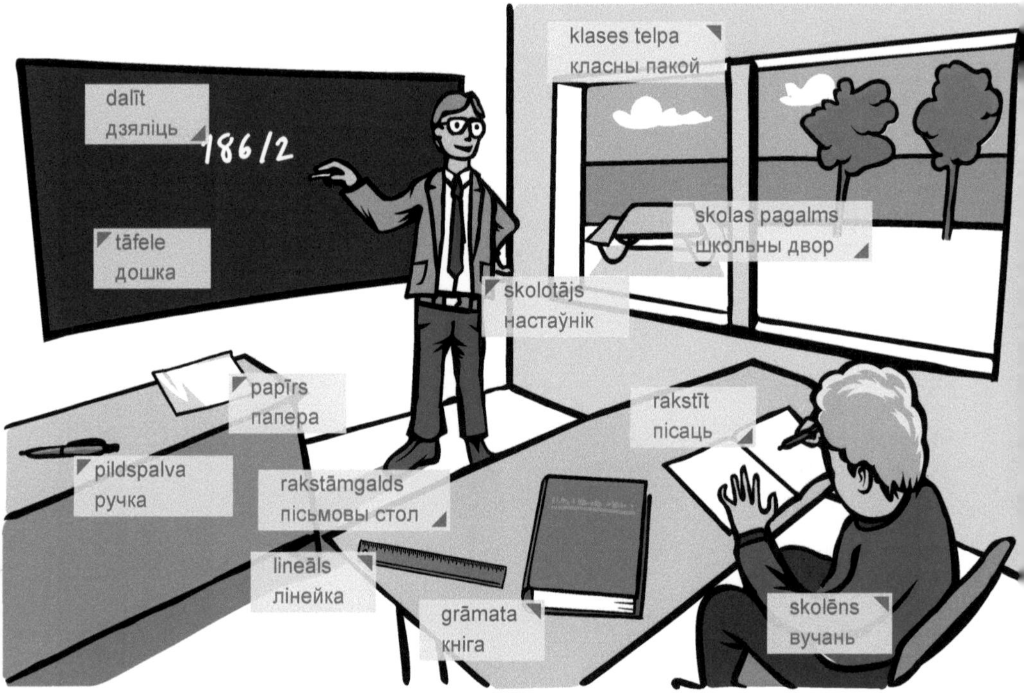
klases telpa
класны пакой
dalīt
дзяліць
186/2
tāfele
дошка
skolas pagalms
школьны двор
skolotājs
настаўнік
papīrs
папера
rakstīt
пісаць
pildspalva
ручка
rakstāmgalds
пісьмовы стол
lineāls
лінейка
grāmata
кніга
skolēns
вучань

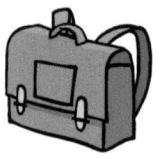

skolas soma

ранец

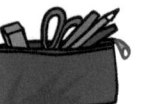

penālis

пенал

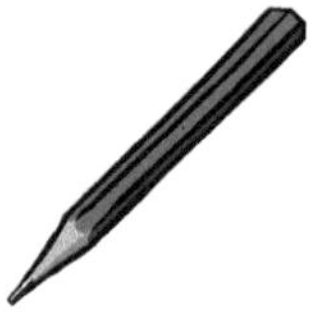

zīmulis

просты аловак

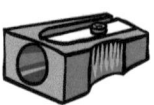

zīmuļu asināmais

тачылка для алоўкаў

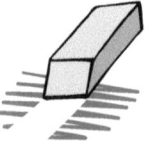

dzēšgumija

гумка

zīmēšanas bloks

альбом для малявання

zīmējums
....
малюнак

ota
....
пэндзлік

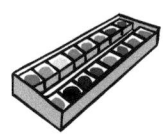

krāsas
....
фарбы

šķēres
....
нажніцы

līme
....
клей

darba burtnīca
....
сшытак

mājas darbs
....
хатняе заданне

skaitlis
....
лік

saskaitīt
....
дадаваць

atņemt
....
адымаць

reizināt
....
множыць

rēķināt
....
лічыць

burts
....
літара

alfabēts
....
алфавіт

vārds
....
слова

teksts

тэкст

lasīt

чытаць

krīts

крэйда

mācību stunda

ўрок

žurnāls

класны журнал

eksāmens

экзамен

liecība

атэстат

skolas forma

школьная форма

izglītība

адукацыя

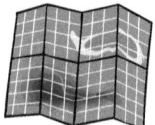

enciklopēdija

энцыклапедыя

universitāte

універсітэт

mikroskops

мікраскоп

karte

карта

papīrgrozs

смеццевы кошык

ceļojums

падарожжа

viesnīca
гатэль
Grand
hostelis
хостэл
ROOMS
valūtas maiņas punkts
абменны пункт
čemodāns
чамадан
automašīna
аўтамабіль

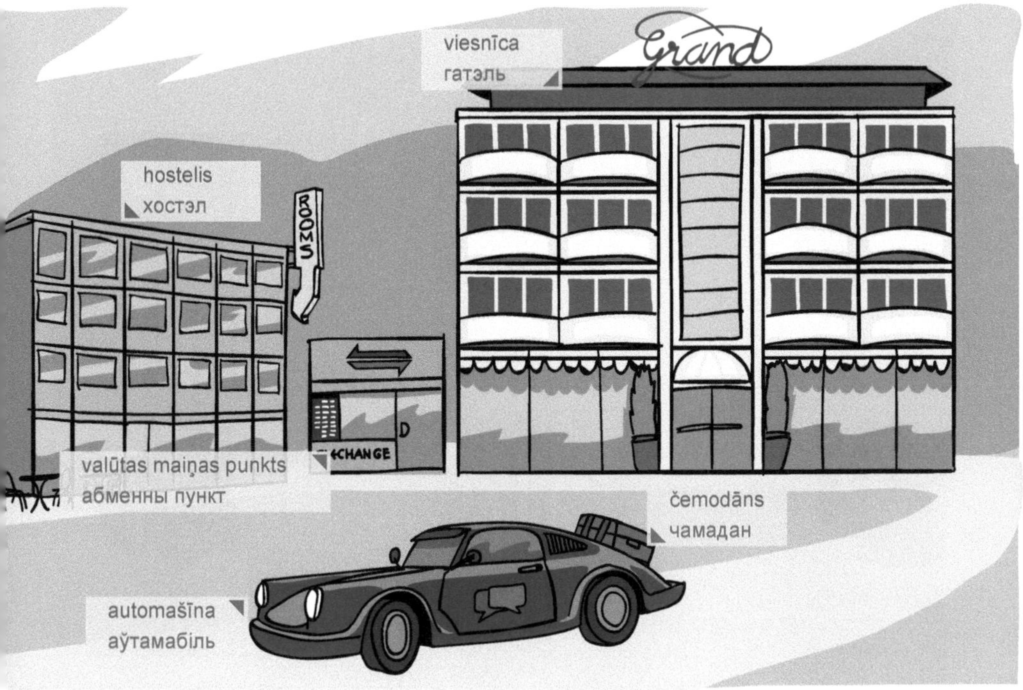

Valoda

мова

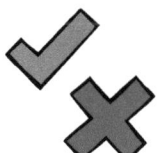

jā / nē

так / не

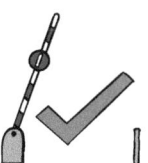

Okay

добра

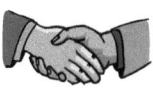

Sveiki!

прывітанне!

tulks

перакладчык

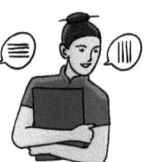

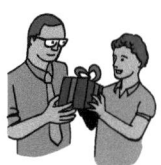

paldies

дзякуй

Cik maksā...?

Колькі каштуе....?

Es nesaprotu

я не разумею

problēma

праблема

Labvakar!

Добры вечар!

Labrīt!

Добрай раніцы!

Ar labu nakti!

Дабранач!

Uz redzēšanos

да пабачэння

virziens

кірунак

bagāža

багаж

soma

сумка

mugursoma

заплечнік

viesis

госць

istaba

пакой

guļammaiss

спальны мяшок

telts

палатка

ceļojums - падарожжа

tūrisma informācija

інфармацыя для турыстаў

pludmale

пляж

kredītkarte

крэдытная картка

brokastis

снеданне

pusdienas

абед

vakariņas

вячэра

biļete

праязны білет

lifts

ліфт

pastmarka

паштовая марка

robeža

мяжа

muita

мытня

vēstniecība

пасольства

vīza

віза

pase

пашпарт

transports
транспарт

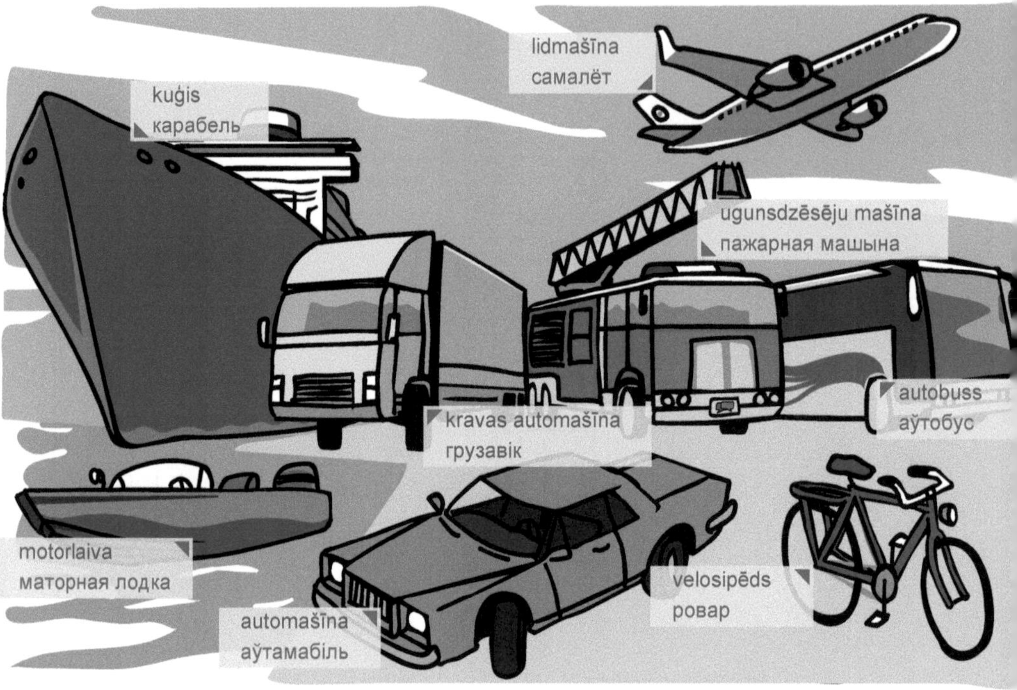
lidmašīna
самалёт
kuģis
карабель
ugunsdzēsēju mašīna
пажарная машына
autobuss
аўтобус
kravas automašīna
грузавік
motorlaiva
маторная лодка
velosipēds
ровар
automašīna
аўтамабіль

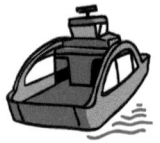

prāmis
паром

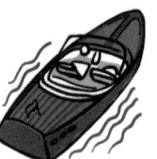

laiva
лодка

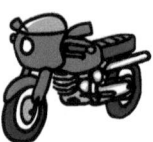

motocikls
матацыкл

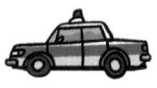

policijas automašīna
паліцэйская машына

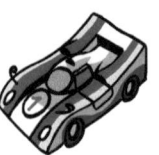

sacīkšu automobilis
гоначны аўтамабіль

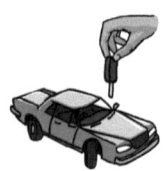

nomas auto
арэндаваны аўтамабіль

auto koplietošana
....
сумеснае карыстанне
аўтамабілем

evakuators
....
эвакуатар

atkritumu mašīna
....
смеццявоз

dzinējs
....
матор

benzīns
....
паліва

degvielas uzpildes stacija
....
запраўка

ceļa zīme
....
дарожны знак

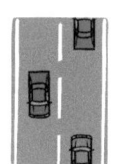

satiksme
....
дарожны рух

sastrēgums
....
затор

stāvvieta
....
паркоўка

dzelzceļa stacija
....
чыгуначная станцыя

sliedes
....
рэйкі

vilciens
....
цягнік

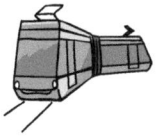

tramvajs
....
трамвай

vagons
....
вагон

helikopters

верталёт

lidosta

аэрапорт

tornis

вежа

pasažieris

пасажыр

konteiners

кантэйнер

kaste

кардонная скрыня

ratiņi

тачка

grozs

карзіна

pacelties / nosēsties

ўзлятаць / прызямляцца

pilsēta

горад

ciems

вёска

pilsētas centrs

цэнтр горада

māja

дом

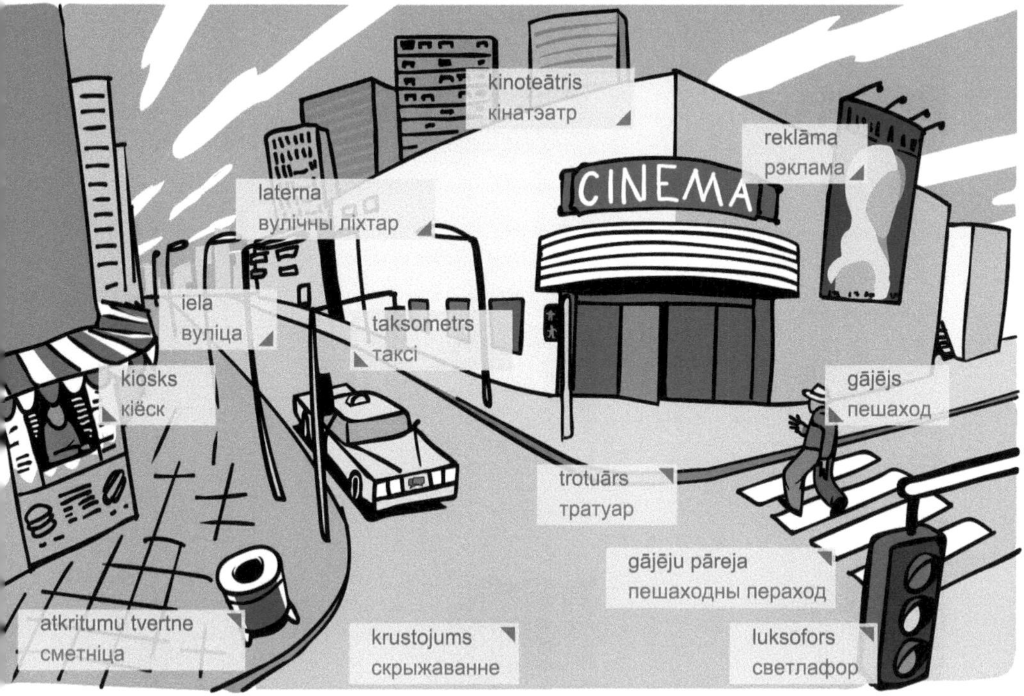

kinoteātris
кінатэатр
CINEMA
reklāma
рэклама
laterna
вулічны ліхтар
iela
вуліца
taksometrs
таксі
kiosks
кіёск
gājējs
пешаход
trotuārs
тратуар
gājēju pāreja
пешаходны пераход
atkritumu tvertne
сметніца
krustojums
скрыжаванне
luksofors
светлафор

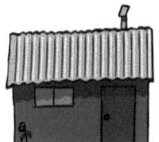

būda

халупа

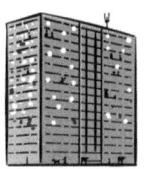

dzīvoklis

кватэра

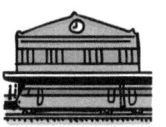

dzelzceļa stacija

чыгуначная станцыя

rātsnams

ратуша

MUSEUM
muzejs

музей

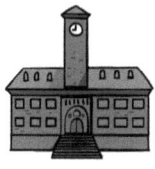

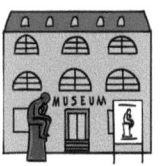

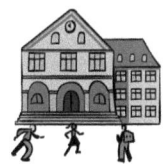

skola

школа

universitāte

універсітэт

banka

банк

slimnīca

шпіталь

viesnīca

гатэль

aptieka

аптэка

birojs

офіс

grāmatnīca

кнігарня

veikals

крама

ziedu veikals

кветкавая крама

lielveikals

супермаркет

tirgus

кірмаш

tirdzniecības centrs

універмаг

zivju tirgotājs

рыбная крама

tirdzniecības centrs

гандлевы цэнтр

osta

порт

pilsēta - горад

parks
парк

sols
лава

tilts
мост

kāpnes
лесвіца

metro
метро

tunelis
тунэль

autobusa pieturvieta
прыпынак

bārs
бар

restorāns
рэстаран

pastkastīte
паштовая скрыня

ielas nosaukuma plāksne
вулічны паказальнік

stāvlaika skaitītājs
паркамат

zooloģiskais dārzs
заапарк

peldbaseins
басейн

mošeja
мячэць

zemnieku saimniecība
....
сядзіба

vides piesārņojums
....
забруджванне
навакольнага асяроддзя

kapsēta
....
могілкі

baznīca
....
царква

spēļu laukums
....
пляцоўка для гульні

templis
....
храм

ainava
краявід

lapa
ліст

ceļrādis
паказальнік

ceļš
дарога

pļava
луг

akmens
камень

ceļotājs
падарожнік

koks
дрэва

upe
рака

zāle
трава

puķe
кветка

ieleja
даліна

kalns
гара

ezers
возера

mežs
лес

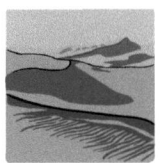

tuksnesis
пустыня

vulkāns
вулкан

pils
замак

varavīksne
вясёлка

sēne
грыб

palma
пальма

moskīts
камар

muša
муха

skudra
мурашка

bite
пчала

zirneklis
павук

vabole

жук

varde

жаба

vāvere

вавёрка

ezis

вожык

zaķis

заяц

pūce

сава

putns

птушка

gulbis

лебедзь

meža cūka

дзік

briedis

алень

alnis

лось

aizsprosts

плаціна

vēja ģenerators

вятрак

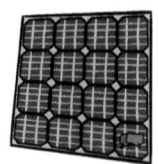

saules baterija

сонечная батарэя

klimats

клімат

restorāns

рэстаран

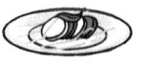

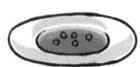

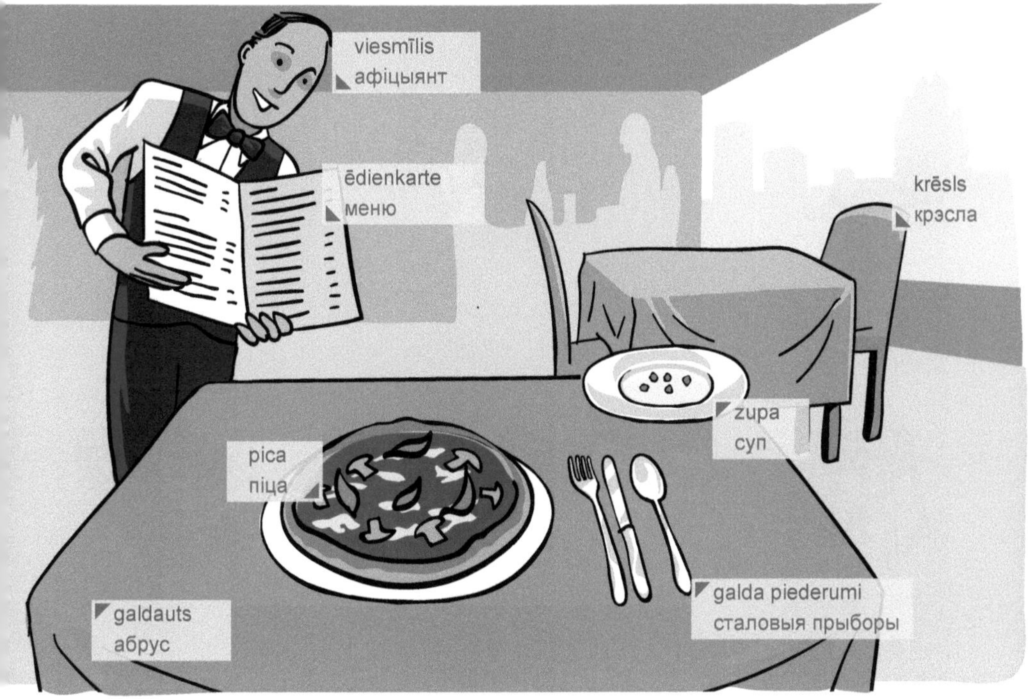
viesmīlis
афіцыянт
ēdienkarte
меню
krēsls
крэсла
zupa
суп
pica
піца
galda piederumi
сталовыя прыборы
galdauts
абрус

uzkoda

закуска

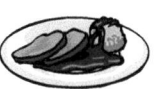

pamatēdiens

другая страва

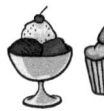

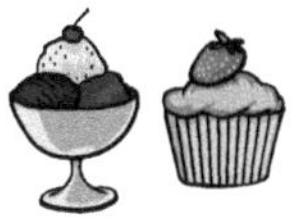

deserts

дэсерт

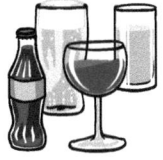

dzērieni

напоі

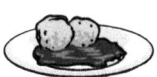

ēdiens

ежа

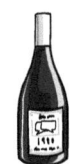

pudele

бутэлька

ātrās uzkodas

хуткае харчаванне (фаст-фуд)

ielu uzkodas

стрыт-фуд

tējkanna

імбрык (чайнік)

cukurtrauks

цукарніца

porcija

порцыя

espresso kafijas automāts

эспрэса-машына

bāra krēsls

дзіцячае крэселка

rēķins

рахунак

paplāte

паднос

nazis

нож

dakša

відэлец

karote

лыжка

tējkarote

чайная лыжка

salvete

сурвэтка

glāze

шклянка

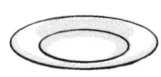

šķīvis
....
талерка

zupas šķīvis
....
супавая талерка

apakštase
....
сподак

mērce
....
соус

sāls trauciņš
....
сальніца

piparu dzirnaviņas
....
млынок для перцу

etiķis
....
воцат

eļļa
....
алей

garšvielas
....
спецыі

kečups
....
кетчуп

sinepes
....
гарчыца

majonēze
....
маянэз

lielveikals

супермаркет

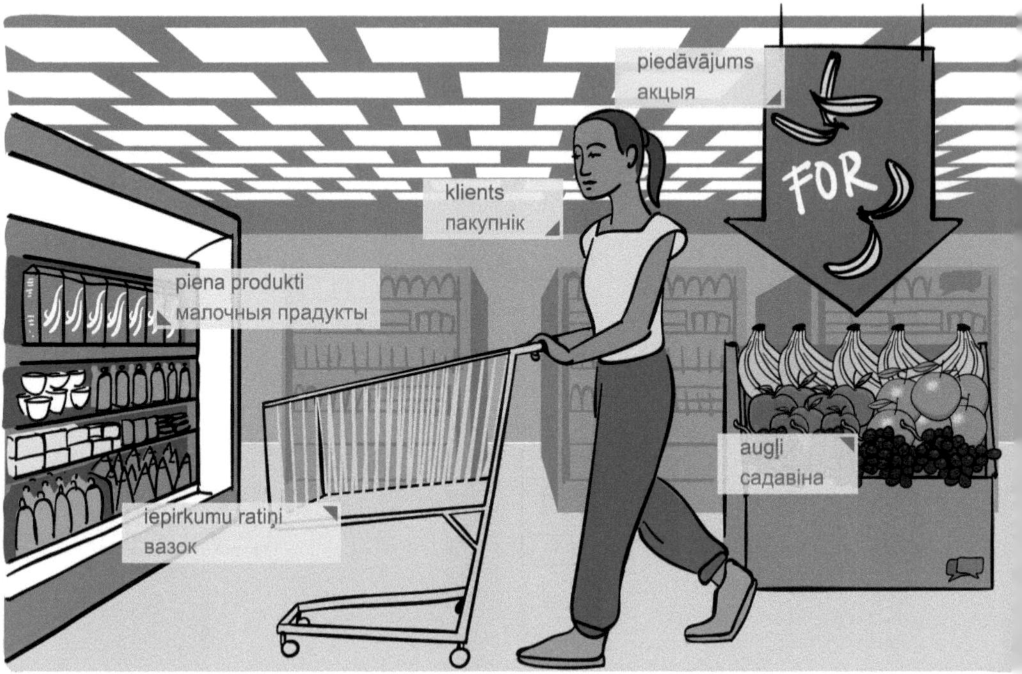
piedāvājums
акцыя
FOR
klients
пакупнік
piena produkti
малочныя прадукты
augļi
садавіна
iepirkumu ratiņi
вазок

BUTCHERS

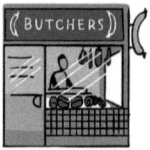

kautuve

мясная крама

BAKERY

maizes veikals

хлебны магазін

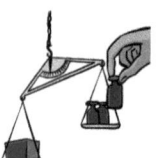

svērt

важыць

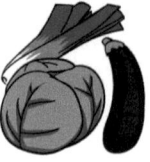

dārzeņi

гароднiна

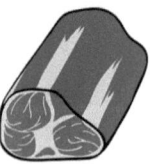

gaļa

мяса

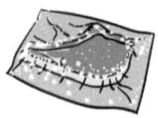

saldēti produkti

свежазамарожаныя прадукты

aukstās gaļas uzkodas

нарэзка

konservi

кансервы

pulveris

пральны парашок

saldumi

прысмакі

mājsaimniecības preces

хатнія прылады

tīrīšanas līdzeklis

чысцячы сродак

pārdevēja

прадавец

kase

каса

kasieris

касір

iepirkumu saraksts

спіс пакупак

darba laiks

гадзіны працы

maks

бумажнік

kredītkarte

крэдытная картка

soma

сумка

maisiņš

пакет

ūdens

вада

sula

сок

piens

малако

kola

кола

vīns

віно

alus

піва

alkohols

алкаголь

kakao

какава

tēja

гарбата (чай)

kafija

кава

espresso

эспрэса

kapučīno

капучына

banāns

банан

ābols

яблык

apelsīns

апельсін

melone

дыня

citrons

лімон

burkāns

морква

ķiploks

часнок

bambuss

бамбук

sīpols

цыбуля

sēne

грыб

rieksti

арэхі

makaroni

локшына

spageti

спагеці

rīsi

рыс

salāti

салата

frī kartupeļi

бульба фры

cepti kartupeļi

смажаная бульба

pica

піца

hamburgers

гамбургер

sviestmaize

бутэрброд

šnicele

шніцаль

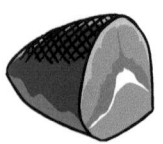

šķiņķis

вяндліна

salami

салямі

desa

каўбаса

vista

курыца

cepetis

смажаніна

zivs

рыбак

auzu pārslas
....
аўсяныя камякі

muslis
....
мюслі

brokastu pārslas
....
кукурузныя шматкі

milti
....
мука

radziņš
....
круасан

brokastu maizītes
....
булачка

maize
....
хлеб

tostermaize
....
тост

cepumi
....
пячэнне

sviests
....
масла

biezpiens
....
тварог

kūka
....
пірог

ola
....
яйка

cepta ola
....
яечня

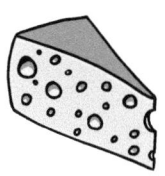

siers
....
сыр

saldējums
......
марожанае

cukurs
......
цукар

medus
......
мёд

marmelāde
......
варэнне

riekstu krēms
......
нуга

karijs
......
кары

zemnieku saimniecība
сядзіба

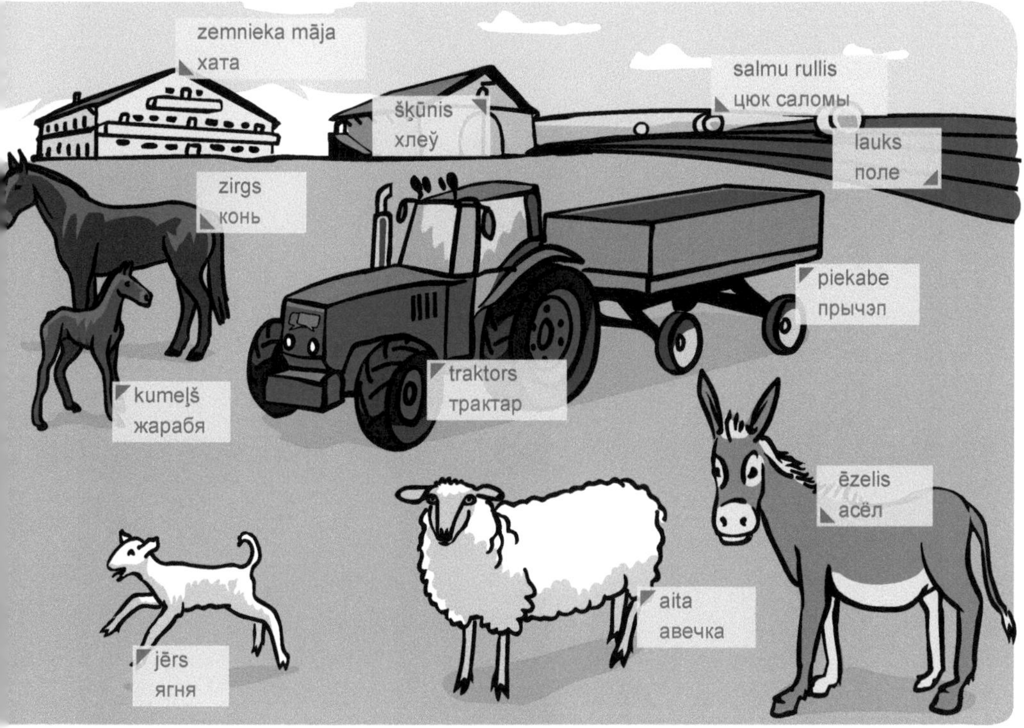
zemnieka māja
хата
šķūnis
хлеў
salmu rullis
цюк саломы
lauks
поле
zirgs
конь
piekabe
прычэп
traktors
трактар
kumeļš
жарабя
ēzelis
асёл
aita
авечка
jērs
ягня

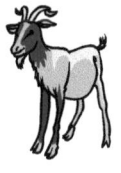

kaza

каза

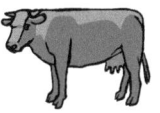

govs

карова

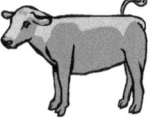

teļš

цяля

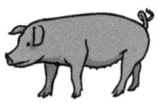

cūka

свіння

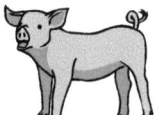

sivēns

парася

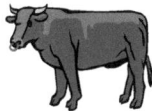

bullis

бык

zoss

гусак

pīle

качка

cālis

кураня

vista

курыца

gailis

певень

žurka

пацук

kaķis

кот

pele

мыш

vērsis

вол

suns

сабака

suņa būda

сабачая будка

dārza šļūtene

садовы шланг

lejkanna

палівачка

izkapts

каса

arkls

плуг

sirpis

серп

kaplis

матыка

mēslu dakša

вілы для гною

cirvis

сякера

ķerra

тачка

sile

карыта

piena kanna

бітон для малака

maiss

мех

žogs

плот

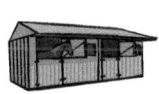

kūts

хлеў

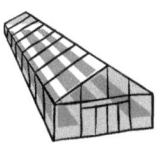

siltumnīca

цяпліца

augsne

глеба

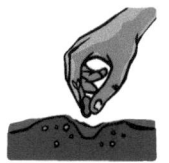

sēklas

насенне

mēslojums

угнаенне

kombains

камбайн

novākt ražu

збіраць ураджай

raža

ураджай

jamss

ямс

kvieši

пшаніца

soja

соя

kartupelis

бульба

kukurūza

кукуруза

rapsis

рапс

augļu koks

садовае дрэва

manioka

маніёк

labība

збожжа

māja

дом

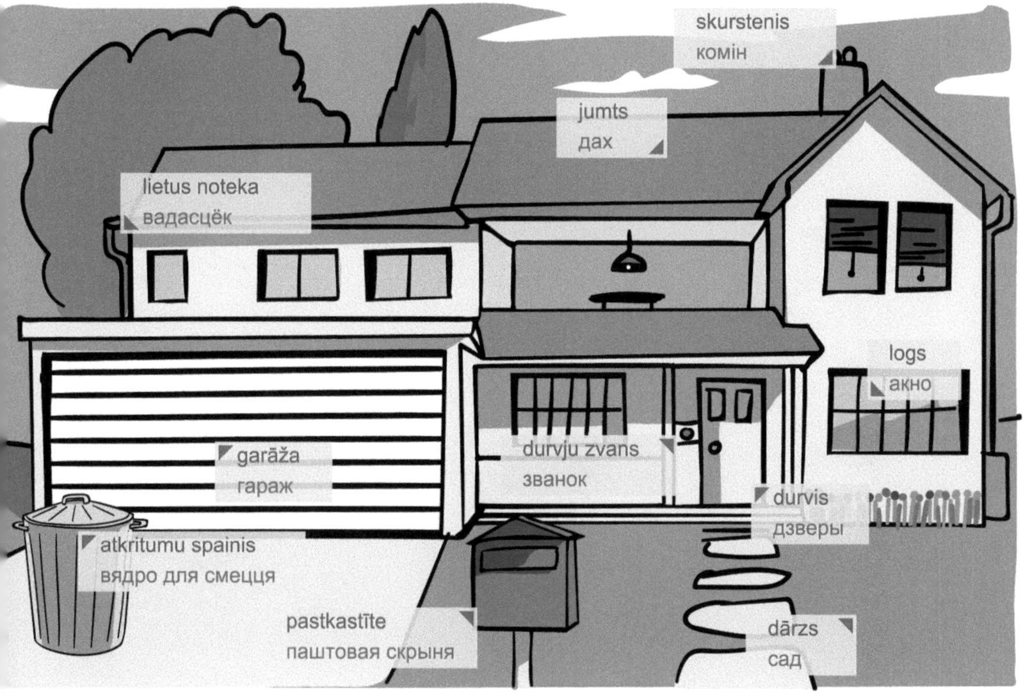
skurstenis
комін
jumts
дах
lietus noteka
вадасцёк
logs
акно
garāža
гараж
durvju zvans
званок
durvis
дзверы
atkritumu spainis
вядро для смецця
pastkastīte
паштовая скрыня
dārzs
сад

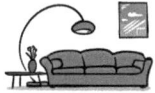

viesistaba

жылы пакой

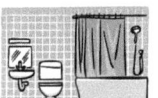

vannas istaba

ванная

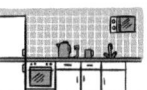

virtuve

кухня

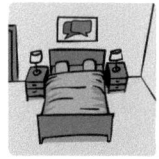

guļamistaba

спальны пакой

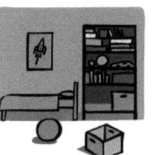

bērnu istaba

дзіцячы пакой

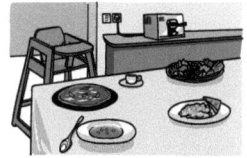

ēdamistaba

сталоўка

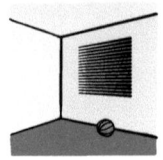

grīda

падлога

siena

сцяна

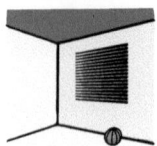

griesti

столь

pagrabs

падвал

sauna

саўна

balkons

балкон

terase

тэраса

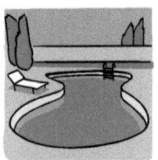

baseins

басейн

zāles pļāvējs

касілка

gultas veļa

падкоўдранік

sega

коўдра

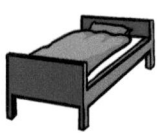

gulta

ложак

slota

венік

spainis

вядро

slēdzis

выключальнік

viesistaba
жылы пакой

tapetes
шпалеры
attēls
малюнак
lampa
лямпа
plaukts
паліца
skapis
шафа
televizors
тэлевізар
kamīns
камін
puķe
кветка
spilvens
падушка
dīvāns
канапа
vāze
ваза
tālvadības pults
пульт

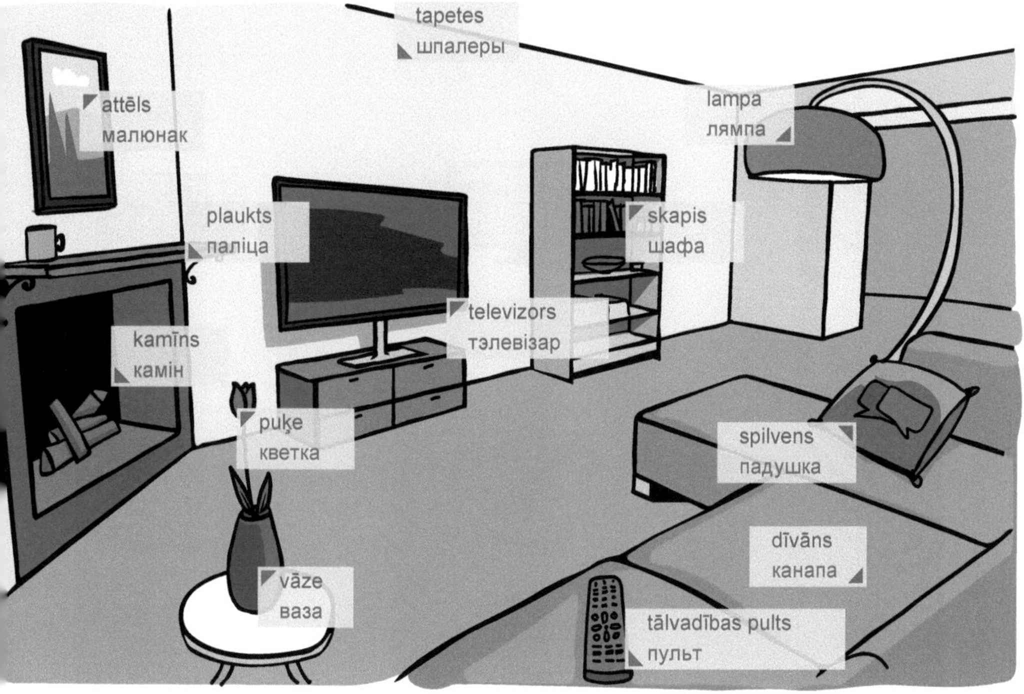

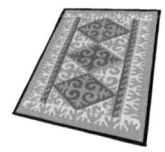

paklājs

дыван

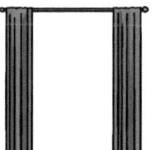

aizkars

фіранка

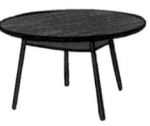

galds

стол

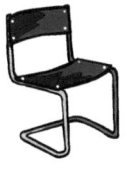

krēsls

крэсла

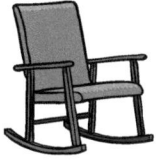

šūpuļkrēsls

крэсла-качалка

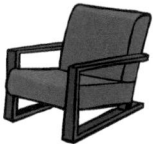

atpūtas krēsls

крэсла

grāmata

кніга

sega

коўдра

dekorācija

дэкарацыя

malka

дровы

filma

кіно

mūzikas centrs

стэрэасістэма

atslēga

ключ

avīze

газета

glezna

карціна

plakāts

постар

radio

радыё

pierakstu blociņš

нататнік

putekļu sūcējs

пыласос

kaktuss

кактус

svece

свечка

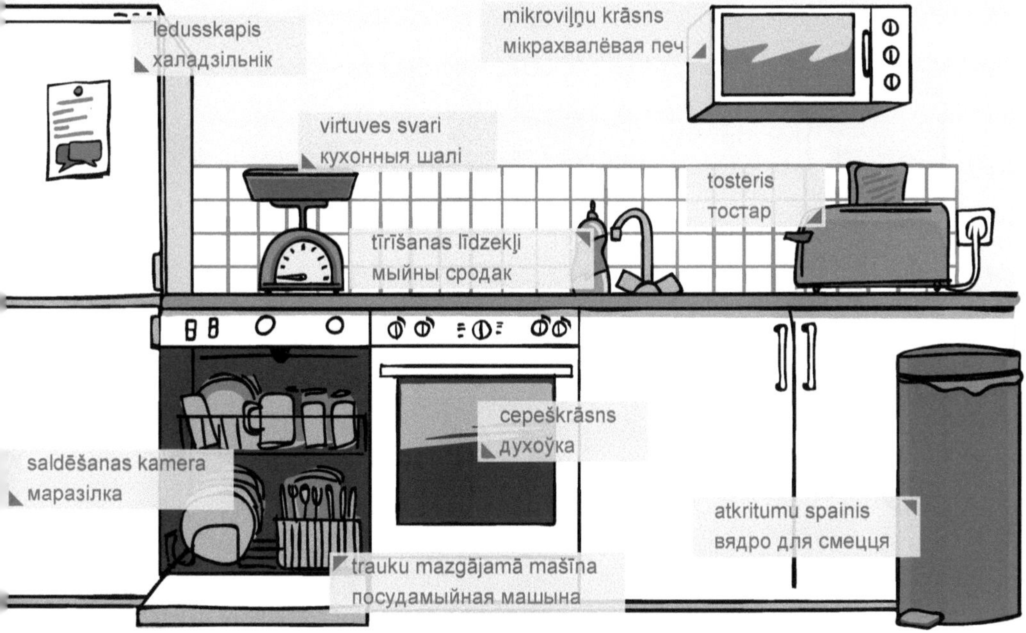

ledusskapis
халадзільнік

mikroviļņu krāsns
мікрахвалёвая печ

virtuves svari
кухонныя шалі

tosteris
тостар

tīrīšanas līdzekļi
мыйны сродак

cepeškrāsns
духоўка

saldēšanas kamera
маразілка

atkritumu spainis
вядро для смецця

trauku mazgājamā mašīna
посудамыйная машына

plīts
пліта

pods
рондаль

katls
чыгунок

Wok panna
Вок / кадаі

panna
патэльня

elektriskā tējkanna
чайнік

tvaika katls

параварка

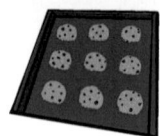

cepešpanna

бляха

trauki

посуд

krūze

кубак

bļoda

міска

irbulīši

палачкі для ежы

kauss

чарпак

lāpstiņa

лапатачка

putošanas slotiņa

збівалка

sietiņš

сіта для варэння

siets

сіта

rīve

тарка

piesta

ступка

grilēt

грыль

atklāts pavards

вогнішча

dēlis
дошка

mīklas rullis
качалка

korķu vilķis
штопар

bundža
бляшанка

konservu nazis
адкрывалка

virtuves cimdi
прыхваткі

izlietne
ракавіна

birste
шчотка

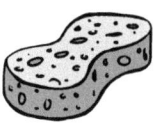

sūklis
губка

mikseris
міксер

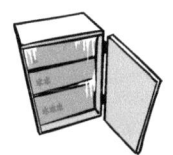

saldētava
маразільная камера

bērna pudelīte
бутэлечка

ūdenskrāns
вадаправодны кран

vannas istaba

ванная

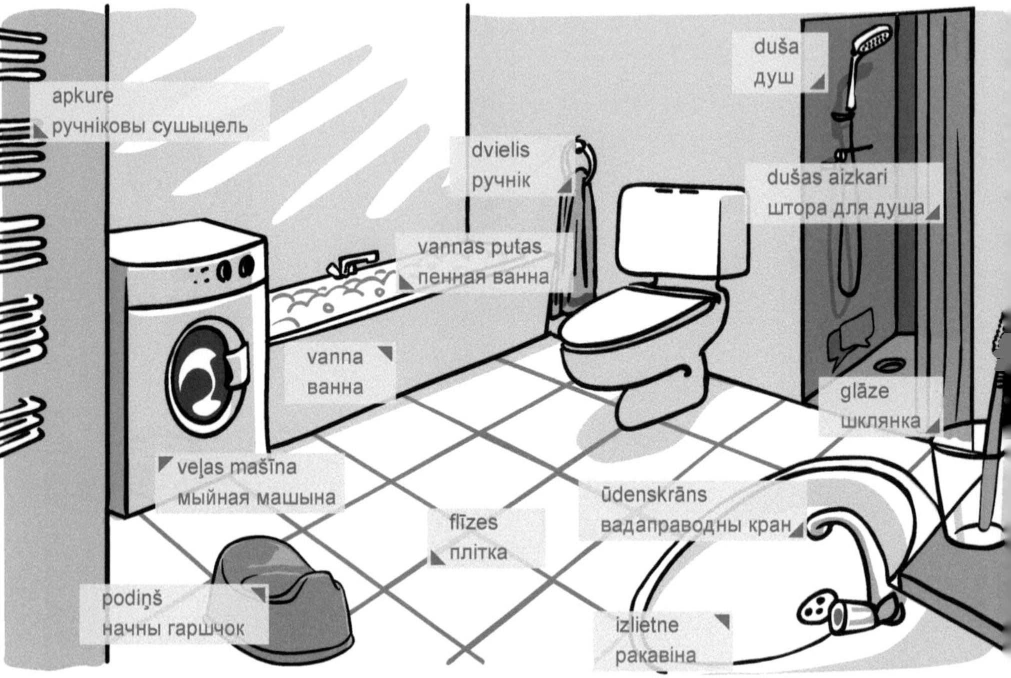

apkure
ручніковы сушыцель
dvielis
ручнік
duša
душ
dušas aizkari
штора для душа
vannas putas
пенная ванна
vanna
ванна
glāze
шклянка
veļas mašīna
мыйная машына
ūdenskrāns
вадаправодны кран
flīzes
плітка
podiņš
начны гаршчок
izlietne
ракавіна

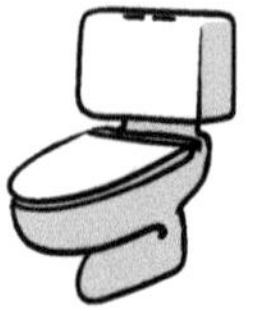

tualetes pods

туалет

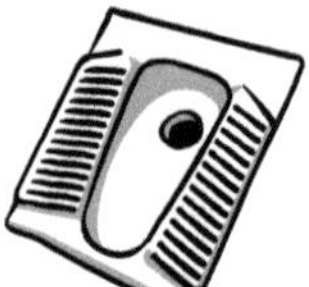

Āzijas tipa tualete

падлогавы ўнітаз

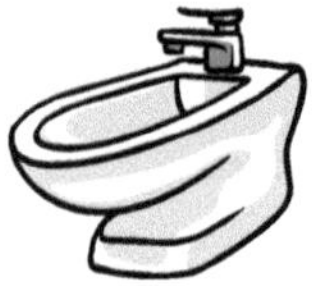

bidē

бідэ

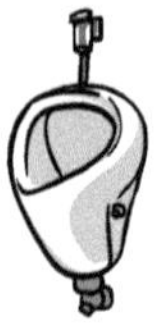

pisuārs

пісуар

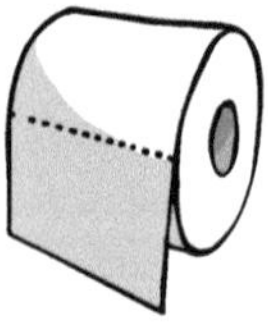

tualetes papīs

туалетная папера

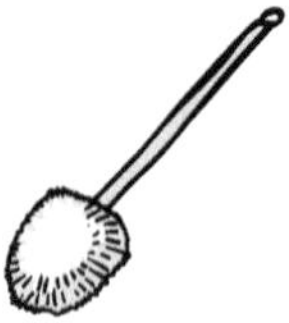

tualetes birste

шчотка для чысткі ўнітаза

zobu birste

зубная шчотка

zobu pasta

зубная паста

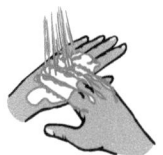

mazgāt

мыць

rokas duša

ручны душ

duša

інтымны душ

zobu diegs

зубная нітка

bļoda

умывальнік

muguras mazgāšanas birste

шчотка для спіны

ziepes

мыла

dušas želeja

гель для душа

šampūns

шампунь

mazgāšanas drāna

вяхотка

noteka

вадасцёк

krēms

крэм

dezodorants

дэзадарант

spogulis

люстэрка

spogulītis

касметычнае люстэрка

skuveklis

станок для галення

skūšanās putas

пена для галення

losjons pēc skūšanās

ласьён пасля галення

ķemme

грэбень

matu suka

шчотка

matu fēns

фен

matu laka

лак для валасоў

grima komplekts

касметыка

lūpu krāsa

памада

nagulaka

лак для пазногцяў

vate

вата

šķērītes

манікюрныя нажніцы

smaržas

духі

kosmētikas maks

касметычка

ķeblītis

табурэтка

svari

вагі

halāts

лазневы халат

tīrīšanas cimdi

санітарныя пальчаткі

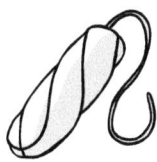

tampons

тампон

pakete

гігіенічныя пракладкі

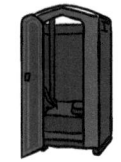

ķīmiskā tualete

біятуалет

bērnu istaba
дзіцячы пакой

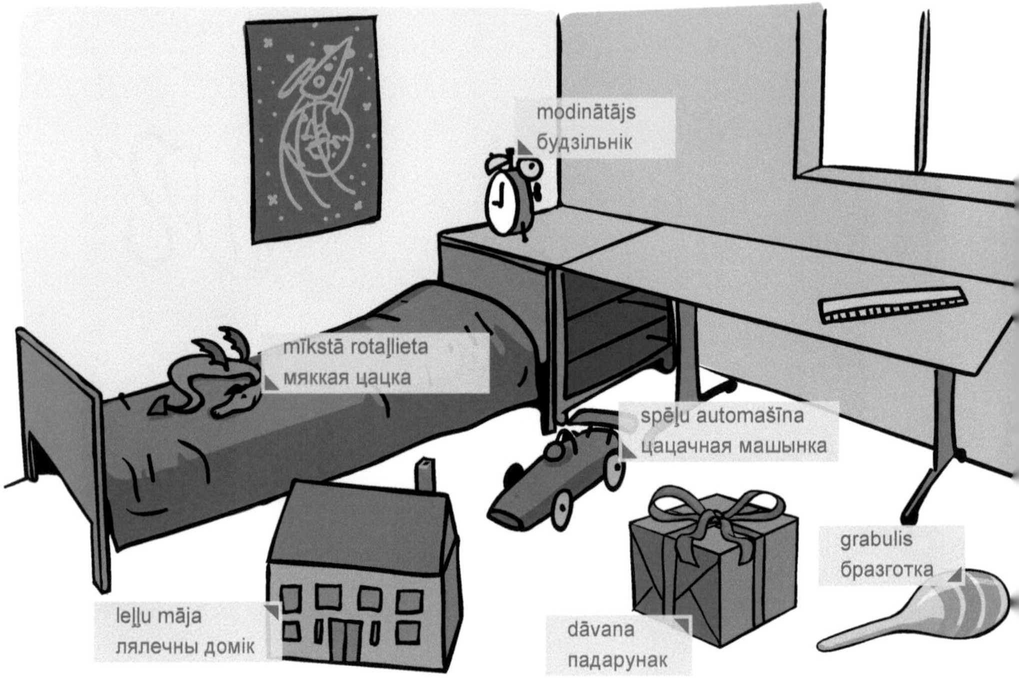
modinātājs
будзільнік
mīkstā rotaļlieta
мяккая цацка
spēļu automašīna
цацачная машынка
grabulis
бразготка
leļļu māja
лялечны домік
dāvana
падарунак

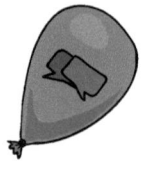

balons

надзіманы шарык

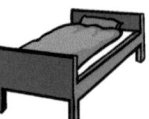

gulta

ложак

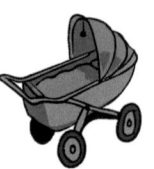

bērnu ratiņi

дзіцячая каляска

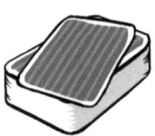

kārtis

калода картаў

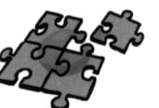

puzle

пазл

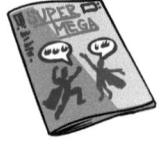

komikss

комікс

LEGO klucīši

канструктар "Лега"

klucīši

канструктар

varoņu figūra

экшэн-фігурка

rāpulītis

дзіцячы гарнітур

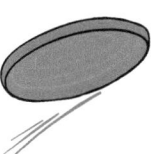

lidojošais šķīvītis

фрызбі

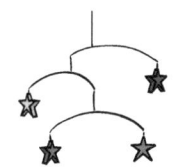

muzikālais karuselis

дзіцячы мабіль

galda spēle

настольная гульня

metamais kauliņš

кубік

rotaļu dzelzceļš

дзіцячая чыгунка

māneklis

пустышка

ballīte

дзіцячае свята

bilžu grāmata

кніга з малюнкамі

bumba

мячык

lelle

лялька

spēlēt

гуляцца

smilšu kaste

пясочніца

šūpoles

арэлі

rotaļlietas

цацкі

spēļu konsole

гульнявая відэа прыстаўка

trīsritenis

трохколавы ровар

plīša lācītis

плюшавы мішка

drēbju skapis

шафа

apģērbs

адзенне

īszeķes

шкарпэткі

zeķes

панчохі

zeķbikses

калготкі

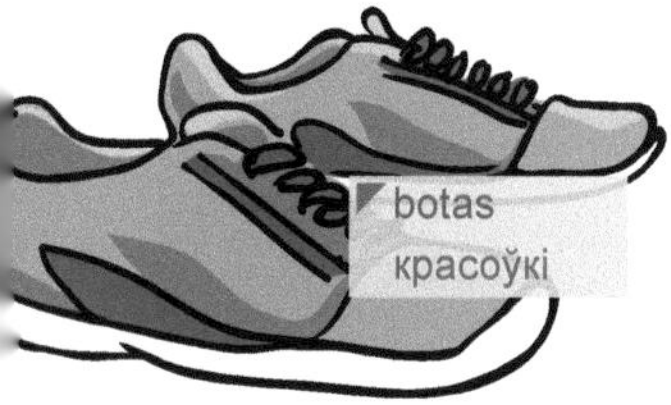

šalle
шалік

siksna
рамень

lietussargs
парасон

T-krekls
цішотка

zābaks
боты

čības
пантоплі

botas
красоўкі

sandales
....
сандалі

kurpes
....
абутак

gumijas zābaki
....
гумовыя боты

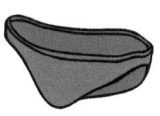

apakšbikses
....
трусы

krūšturis
....
бюстгальтар

apakškrekls
....
майка

bodijs

бодзі

bikses

штаны

džinsi

джынсы

svārki

спадніца

blūze

блузка

krekls

кашуля

pulovers

джэмпер

džemperis

талстоўка

žakete

блэйзер

jaka

куртка

mētelis

паліто

lietus mētelis

дажджавік

kostīms

касцюм

kleita

сукенка

kāzu kleita

вясельная сукенка

apģērbs - адзенне

uzvalks

касцюм

naktskrekls

начная сарочка

pidžama

піжама

sari

сары

lakats

хустка

turbāns

цюрбан

burka

паранджа

kaftāns

каптан

abaja

Абая

peldkostīms

купальнік

peldbikses

плаўкі

šorti

шорты

treniņtērps

спартыўны касцюм

priekšauts

фартух

cimdi

пальчаткі

poga

гузік

brilles

акуляры

rokassprādze

бранзалет

kaklarota

каралі

gredzens

кальцо

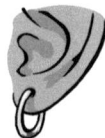

auskars

завушніца

cepure

кепка

drēbju pakaramais

вешалка

platmale

капялюш

kaklasaite

гальштук

rāvējslēdzējs

маланка

ķivere

шлем

bikšturi

падцяжкі

skolas forma

школьная форма

uniforma

уніформа

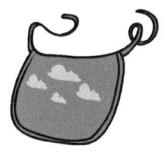

priekšautiņš

нагруднік

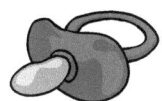

māneklis

пустышка

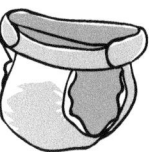

autiņbiksītes

падгузнік

birojs

офіс

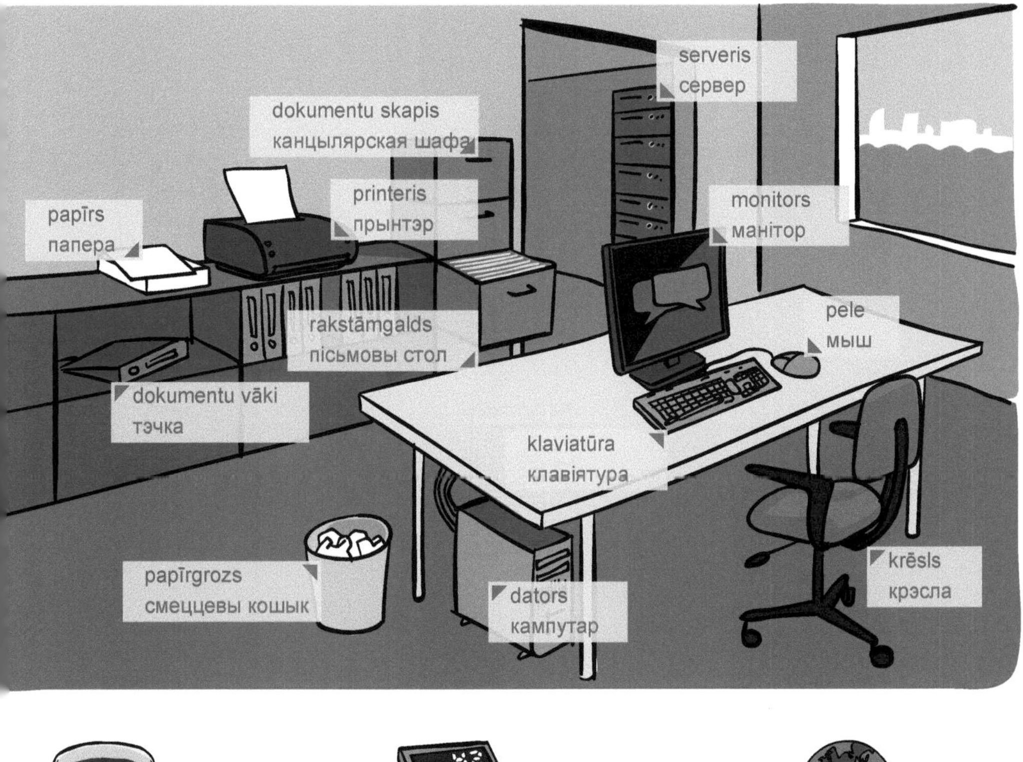
serveris
сервер
dokumentu skapis
канцылярская шафа
printeris
прынтэр
papīrs
папера
monitors
манітор
rakstāmgalds
пісьмовы стол
pele
мыш
dokumentu vāki
тэчка
klaviatūra
клавіятура
papīrgrozs
смеццевы кошык
dators
камп'ютар
krēsls
крэсла

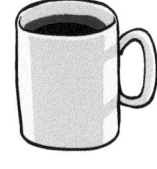

kafijas krūze

бак для кавы (філіжанка)

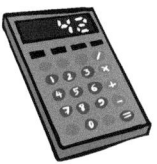

kalkulators

калькулятар

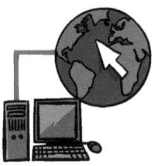

internets

інтэрнэт

portatīvais dators

ноўтбук

vēstule

ліст

ziņa

паведамленне

mobilais tālrunis

мабільны тэлефон

tīkls

сетка

kopētājs

ксеракс

programmatūra

праграмнае забеспячэнне

telefons

тэлефон

rozete

разетка

faksa aparāts

факс

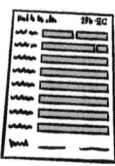

formulārs

фармуляр

dokuments

дакумент

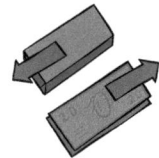

pirkt
купляць

samaksāt
плаціць

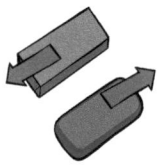

tirgot
гандляваць

nauda
грошы

USD

dolārs
долар

EUR

eiro
еўра

JPY

jēna
ена

RUB

rublis
рубель

CHF

franks
франк

CNY

juaņa renminbi
кітайскі юань

INR

rūpija
рупія

bankomāts
банкамат

valūtas maiņas punkts

абменны пункт

zelts

золата

sudrabs

срэбра

nafta

нафта

enerģija

энергія

cena

цана

līgums

кантракт

nodoklis

падатак

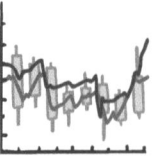

akcija

акцыя

strādāt

працаваць

darbinieks

служачы

darba devējs

працадаўца

fabrika

фабрыка

veikals

крама

ekonomika - эканоміка

profesijas
прафесii

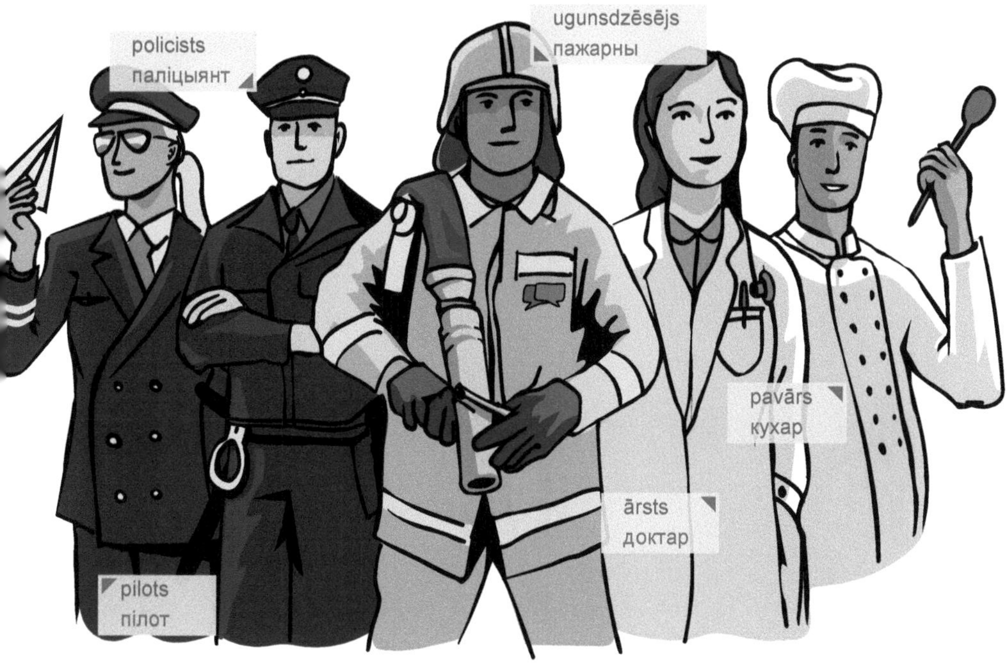
policists
паліцыянт
ugunsdzēsējs
пажарны
pavārs
кухар
ārsts
доктар
pilots
пілот

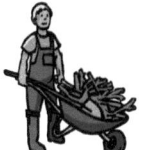

dārznieks
садоўнік

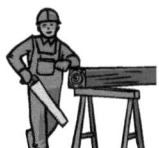

galdnieks
слесар

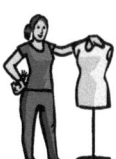

šuvēja
швачка

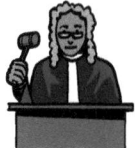

tiesnesis
суддзя

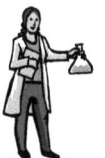

ķīmiķis
хімік

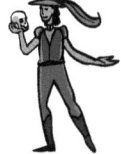

aktieris
артыст

autobusa vadītājs

кіроўца аўтобуса

taksometra vadītājs

таксіст

zvejnieks

рыбак

apkopēja

прыбіральшчыца

jumiķis

страхар

viesmīlis

афіцыянт

mednieks

паляўнічы

gleznotājs

мастак

maiznieks

пекар

elektriķis

электрык

celtnieks

будаўнік

inženieris

інжынер

miesnieks

мяснік

skārdnieks

сантэхнік

pastnieks

паштальён

karavīrs

салдат

arhitekts

архітэктар

kasieris

касір

florists

фларыст

frizieris

цырульнік

konduktors

кандуктар

mehāniķis

механік

kapteinis

капітан

zobārsts

стаматолаг

zinātnieks

вучоны

rabīns

рабін

imāms

імам

mūks

манах

mācītājs

святар

instrumenti

інструменты

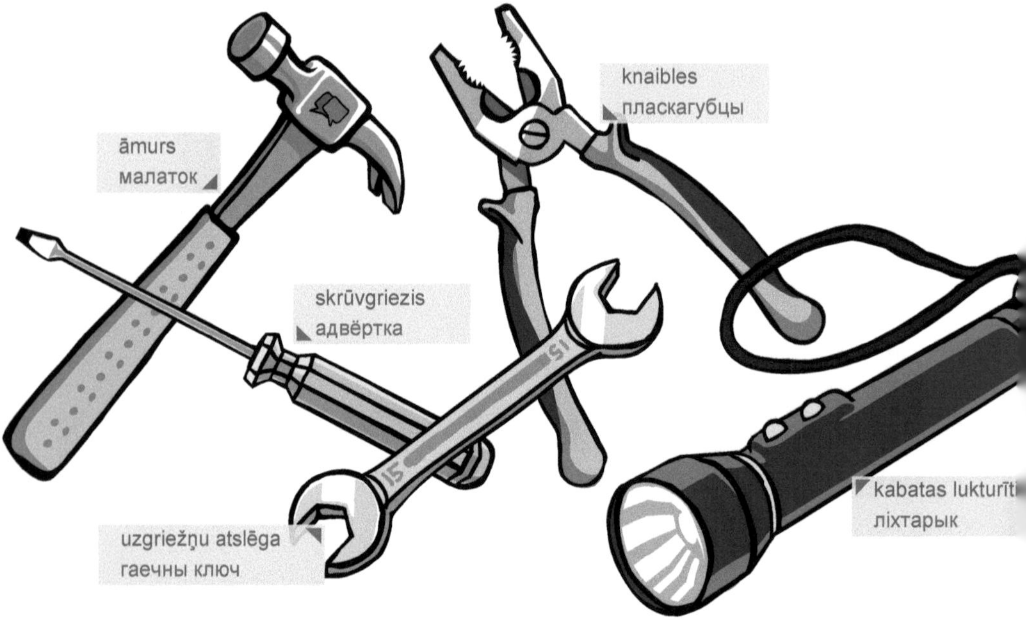
āmurs
малаток
knaibles
пласкагубцы
skrūvgriezis
адвёртка
uzgriežņu atslēga
гаечны ключ
kabatas lukturīti
ліхтарык

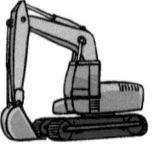

ekskavators

экскаватар

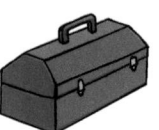

instrumentu kaste

скрыня для інструментаў

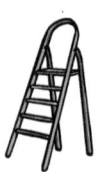

kāpnes

дравіны

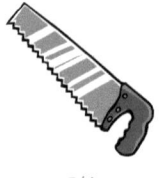

zāģis

піла

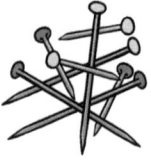

naglas

цвікі

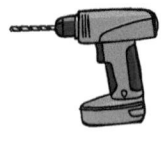

urbis

дрыль

remontēt
....
рамантаваць

lāpsta
....
рыдлеўка

Velns!
Халера!

liekšķere
....
шуфлік для смецця

krāsas bundža
....
вядро з фарбаю

skrūves
....
балты

mūzikas instrumenti
музычныя інструменты

bungas
ударны інструмент

skaļrunis
калонкі

ģitāra
гітара

kontrabass
кантрабас

trompete
труба

klavieres

піяніна

vijole

скрыпка

bass

басгітара

timpāni

літаўры

bungas

барабан

digitālās klavieres

клавішны электрамузычны
інструмент

saksofons

саксафон

flauta

флейта

mikrofons

мікрафон

zooloģiskais dārzs

заапарк

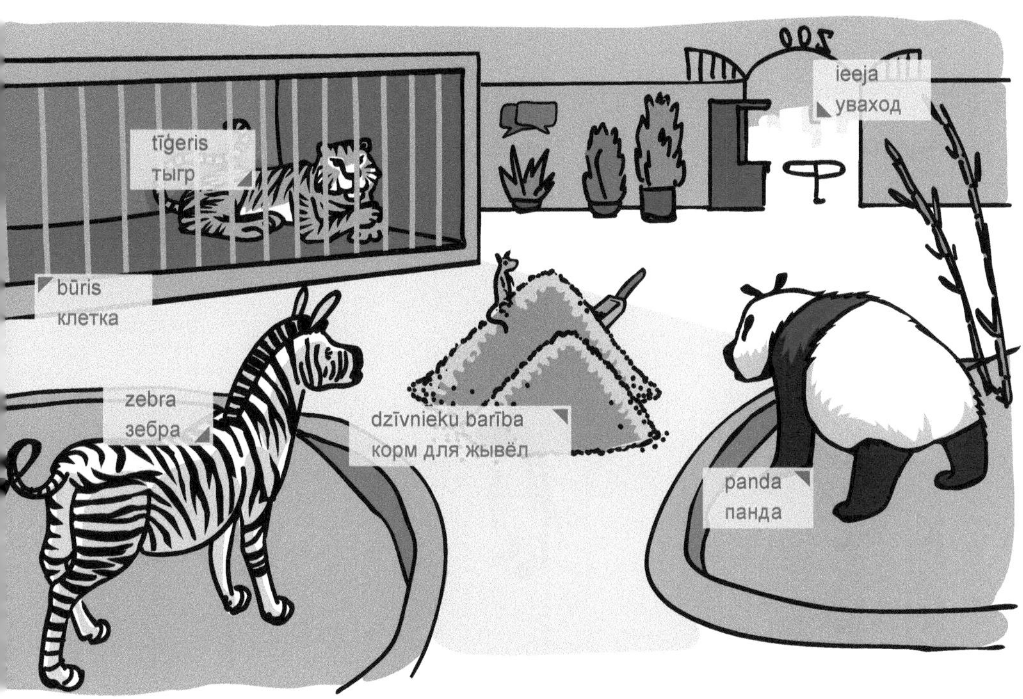

tīģeris
тыгр
ieeja
уваход
būris
клетка
zebra
зебра
dzīvnieku barība
корм для жывёл
panda
панда

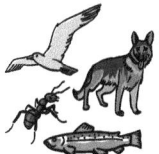

dzīvnieki
жывёлы

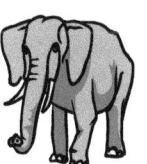

zilonis
слон

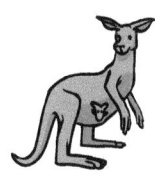

ķengurs
кенгуру

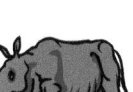

degunradzis
насарог

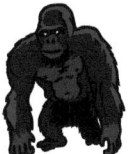

gorilla
гарыла

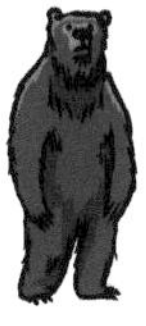

lācis
мядзведзь

kamielis

вярблюд

strauss

стравус

lauva

леў

pērtiķis

малпа

flamings

фламінга

papagailis

папугай

polārlācis

белы мядзведзь

pingvīns

пінгвін

haizivs

акула

pāvs

паўлін

čūska

змяя

krokodils

кракадзіл

zoodārza sargs

наглядчык заапарка

ronis

цюлень

jaguārs

ягуар

ponijs

поні

leopards

леапард

nīlzirgs

бегемот

žirafe

жыраф

ērglis

арол

meža cūka

дзік

zivs

рыбак

bruņurupucis

чарапаха

valzirgs

морж

lapsa

ліса

gazele

газель

amerikāņu futbols
амерыканскі футбол

riteņbraukšana
веласпорт

teniss
тэніс

basketbols
баскетбол

peldēšana
плаванне

hokejs
хакей з шайбай

bokss
бокс

futbols
футбол

badmintons
бадмінтон

vieglatlētika
лёгкая атлетыка

rokas bumba
гандбол

slēpošana
горныя лыжы

polo
пола

smieties
смяяцца

lēkt
скакаць

apskaut
абдымаць

iet
іцці

dziedāt
спяваць

sapņot
марыць

lūgt
маліцца

skūpstīt
цалаваць

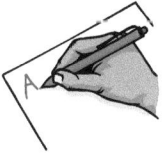

rakstīt
пісаць

zīmēt
маляваць

rādīt
паказваць

spiest
націснуць

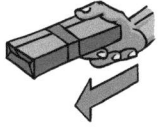

dot
даваць

ņemt
браць

būt
маць

darīt
выконваць

būt
быць

stāvēt
стаяць

skriet
бегчы

vilkt
цягнуць

mest
кідаць

krist
падаць

gulēt
ляжаць

gaidīt
чакаць

nest
насіць

sēdēt
сядзець

uzģērbt
апранацца

gulēt
спаць

pamosties
прачынацца

skatīties

глядзець

raudāt

плакаць

glāstīt

лашчыць

ķemmēt

прычэсвацца

runāt

гаварыць

saprast

разумець

jautāt

пытаць

dzirdēt

чуць

dzert

піць

ēst

есці

sakārtot

прыбіраць

mīlēt

кахаць

vārīt

гатаваць

braukt

ехаць

lidot

лятаць

burot

плаваць пад ветразем

rēķināt

лічыць

lasīt

чытаць

mācīties

вучыць

strādāt

працаваць

precēties

уступаць у шлюб

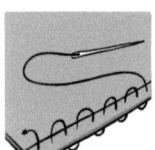

šūt

шыць

tīrīt zobus

чысціць зубы

nogalināt

забіваць

smēķēt

курыць

sūtīt

пасылаць

ģimene
сям'я

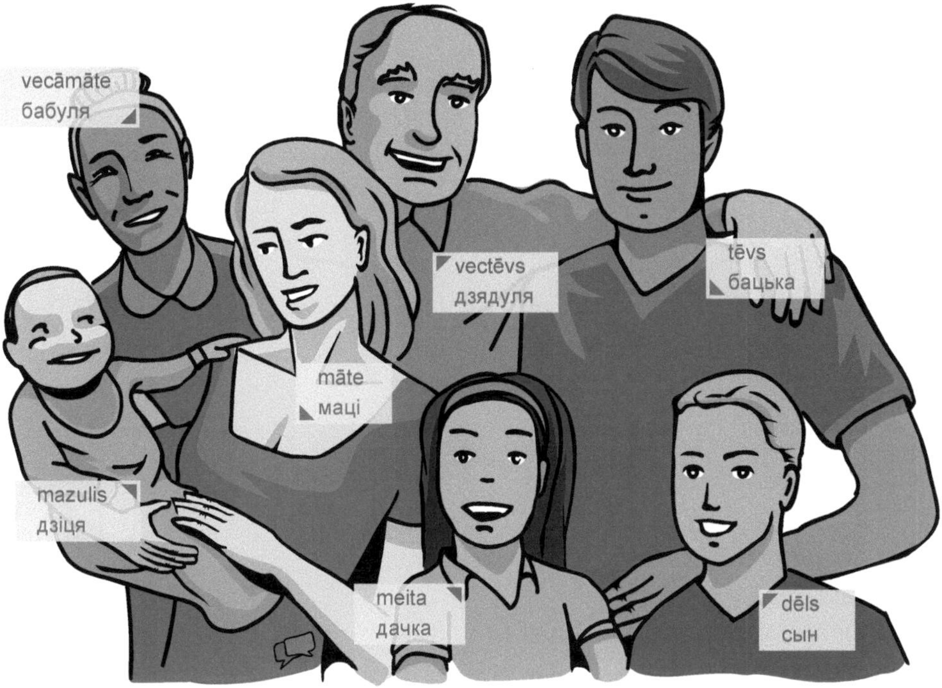
vecāmāte
бабуля
vectēvs
дзядуля
tēvs
бацька
māte
маці
mazulis
дзіця
meita
дачка
dēls
сын

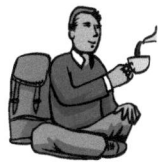

viesis

госць

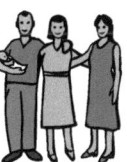

tante

цётка

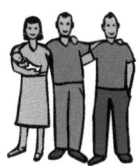

onkulis

дзядзька

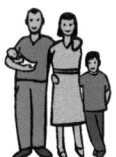

brālis

брат

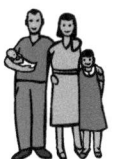

māsa

сястра

ķermenis

цела

piere
лоб
acs
вока
plecs
плячо
pirksts
палец
seja
твар
zods
падбародак
roka
рука
kāja
нага
krūtis
грудзі
roka
рука

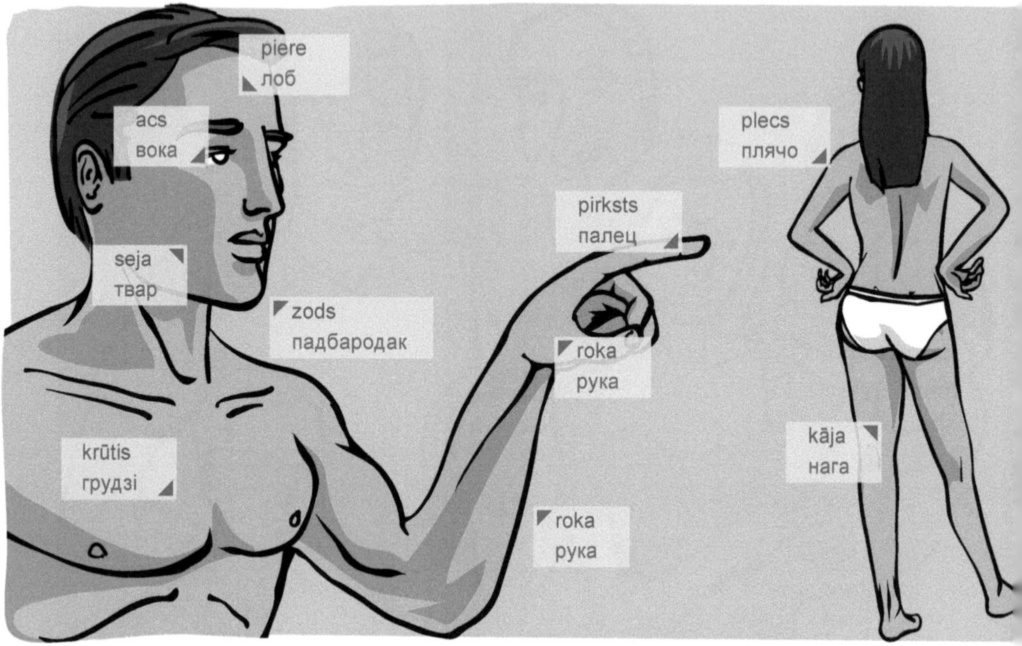

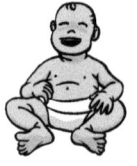

mazulis
дзіця

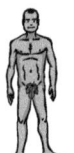

vīrietis
мужчына

sieviete
жанчына

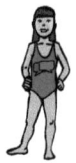

meitene
дзяўчынка

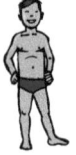

zēns
хлопчык

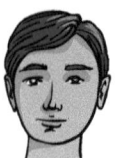

galva
галава

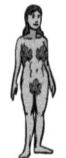

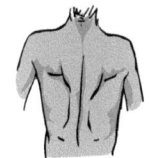

mugura

спіна

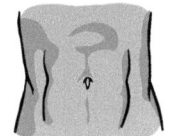

vēders

жывот

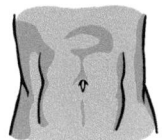

naba

пуп

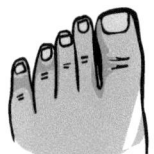

kājas pirksts

палец нагі

papēdis

пятка

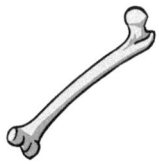

kauls

костка

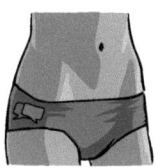

gurns

бядро

celis

калена

elkonis

локаць

deguns

нос

dibens

ягадзіца

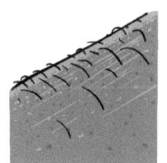

āda

скура

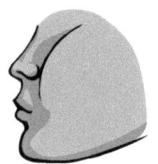

vaigs

шчака

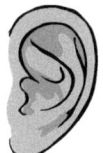

auss

вуха

lūpa

губа

mute
рот

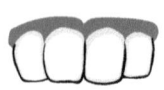

zobs
зуб

mēle
язык

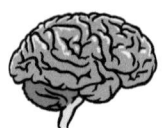

smadzenes
галаўны мозг

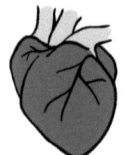

sirds
сэрца

muskulis
мышца

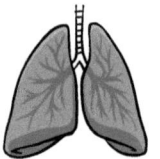

plaušas
лёгкае

aknas
пячонка

kuņģis
страўнік

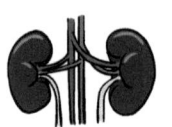

nieres
ныркі

dzimumakts
сэкс

kondoms
прэзерватыў

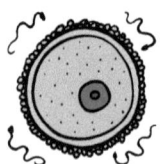

olšūna
яйцаклетка

sperma
сперма

grūtniecība
цяжарнасць

ķermenis - цела

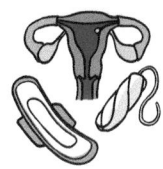

menstruācijas

менструацыя

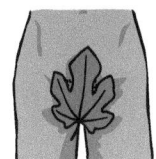

vagīna

похва

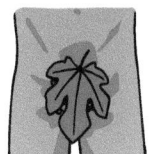

penis

пеніс

uzacs

брыво

mati

валасы

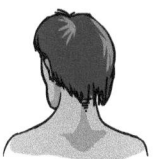

kakls

шыя

slimnīca
шпіталь

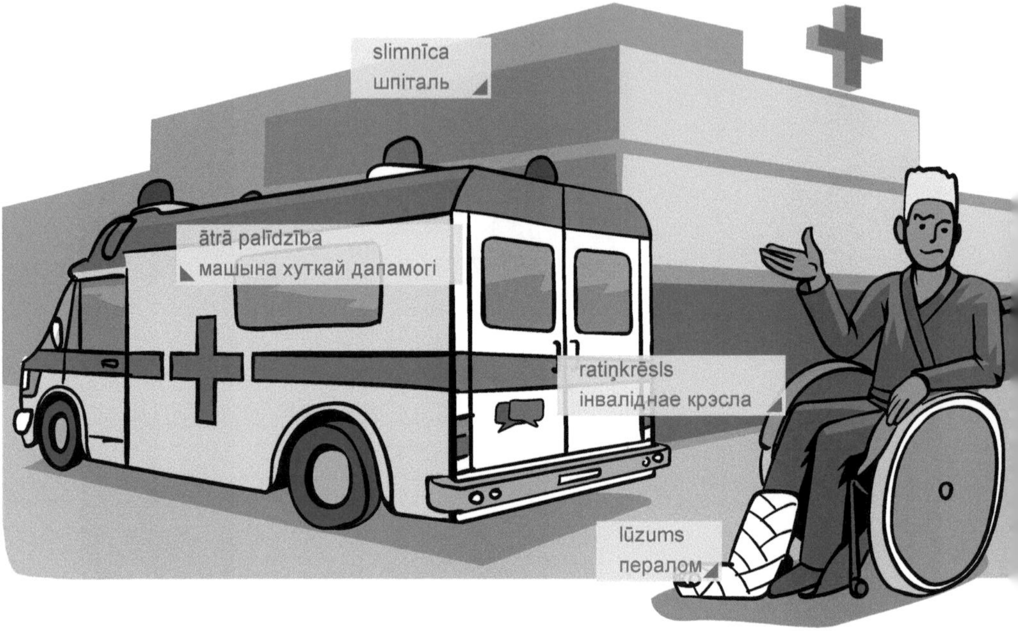

slimnīca
шпіталь
ātrā palīdzība
машына хуткай дапамогі
ratiņkrēsls
інваліднае крэсла
lūzums
пералом

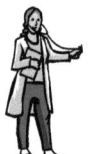

ārsts

доктар

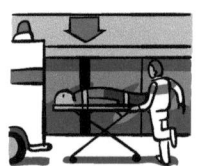

neatliekamās palīdzības nodaļa

аддзяленне першай дапамогі

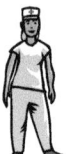

medmāsa

медсястра

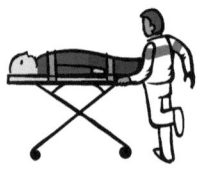

ārkārtas gadījums

экстраная дапамога

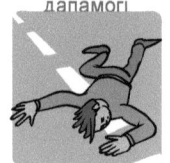

paģībis

непрытомны

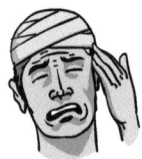

sāpes

боль

ievainojums

траўма

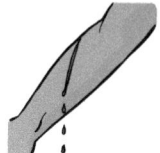

asiņošana

крывацёк

sirdslēkme

інфаркт

insults

апаплексія

alerģija

алергія

klepus

кашаль

temperatūra

гарачка

gripa

грып

caureja

панос

galvassāpes

галаўны боль

vēzis

рак

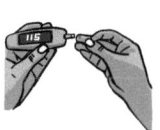

diabēts

дыябет

ķirurgs

хірург

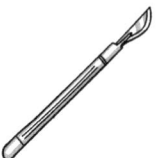

skalpelis

скальпель

operācija

аперацыя

datortomogrāfija

КТ

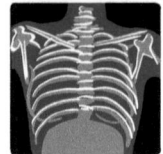

rentgents

рэнтген

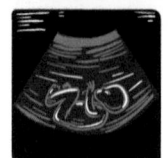

ultraskaņa

ультрагук

sejas maska

маска

slimība

хвароба

uzgaidāmā telpa

пачакальня

kruķis

мыліца

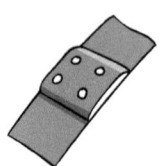

plāksteris

пластыр

apsējs

бінт

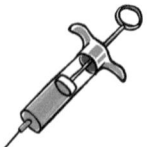

injekcija

ін'екцыя

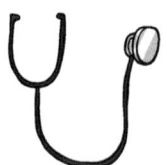

stetoskops

стэтаскоп

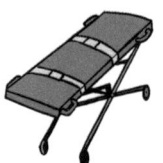

nestuves

насілкі

termometrs

градуснік

dzemdības

нараджэнне

liekais svars

лішняя вага

slimnīca - шпіталь

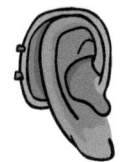

dzirdes aparāts

слухавы апарат

dezinfekcijas līdzeklis

дэзінфекцыйны сродак

infekcija

інфекцыя

vīruss

вірус

HIV / AIDS

ВІЧ/СНІД

zāles

лекі

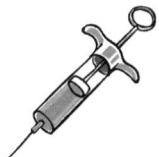

pote

прышчэпка

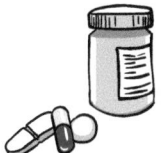

tabletes

таблеткі

pretapaugļošanās tablete

супрацьзачаткавая
таблетка

ārkārtas izsaukums

экстраны выклік

asinsspiediena mērītājs

танометр

slims / vesels

хворы / здаровы

Palīgā!

Ратуйце!

trauksme

сігналізацыя

uzbrukums

напад

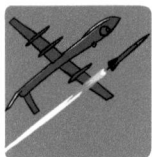

uzbrukums

атака

bīstamība

небяспека

avārijas izeja

аварыйны выхад

Uguns!

Пажар!

ugunsdzēšamais aparāts

вогнетушыцель

negadījums

аварыя

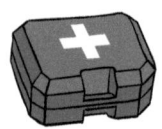

pirmās palīdzības aptieciņa

аптэчка

SOS

СОС

policija

паліцыя

Eiropa

Eўропа

Ziemeļamerika

Паўночная Амерыка

Dienvidamerika

Паўднёвая Амерыка

Āfrika

Афрыка

Āzija

Азія

Austrālija

Аўстралія

Atlantijas okeāns

Атлантычны акіян

Klusais okeāns

Ціхі акіян

Indijas okeāns

Індыйскі акіян

Dienvidu okeāns

аўднёвы ледавіты акіян

Ziemeļu ledus okeāns

Паўночны ледавіты акіян

Ziemeļpols

Паўночны полюс

Dienvidpols
....

Паўднёвы полюс

Antarktika
....

Антарктыда

zeme
....

Зямля

zeme
....

краіна

jūra
....

мора

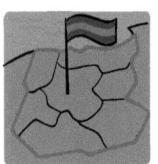

sala
....

востраў

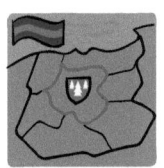

nācija
....

нацыя

valsts
....

дзяржава

ciparnīca

цыферблат

stundu rādītājs

гадзінная стрэлка

minūšu rādītājs

хвілінная стрэлка

sekunžu rādītājs

секундная стрэлка

Cik ir pulkstenis?

Колькі часу?

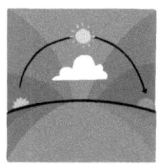

diena

дзень

laiks

час

tagad

зараз

digitālais pulkstenis

электронны гадзіннік

minūte

хвіліна

stunda

гадзіна

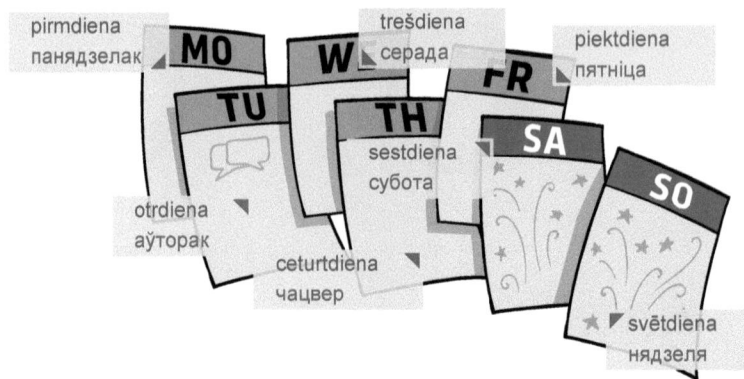

pirmdiena
панядзелак

trešdiena
серада

piektdiena
пятніца

otrdiena
аўторак

sestdiena
субота

ceturtdiena
чацвер

svētdiena
нядзеля

vakardien
....
ўчора

šodien
....
сёння

rītdien
....
заўтра

rīts
....
раніца

pusdienlaiks
....
абед

vakars
....
вечар

MO	TU	WE	TH	FR	SA	SU
1	2	3	4	5	6	7
8	9	10	11	12	13	14
15	16	17	18	19	20	21
22	23	24	25	26	27	28
29	30	31	1	2	3	4

darbadienas
....
працоўныя дні

MO	TU	WE	TH	FR	SA	SU
1	2	3	4	5	6	7
8	9	10	11	12	13	14
15	16	17	18	19	20	21
22	23	24	25	26	27	28
29	30	31	1	2	3	4

brīvdienas
....
выхадныя

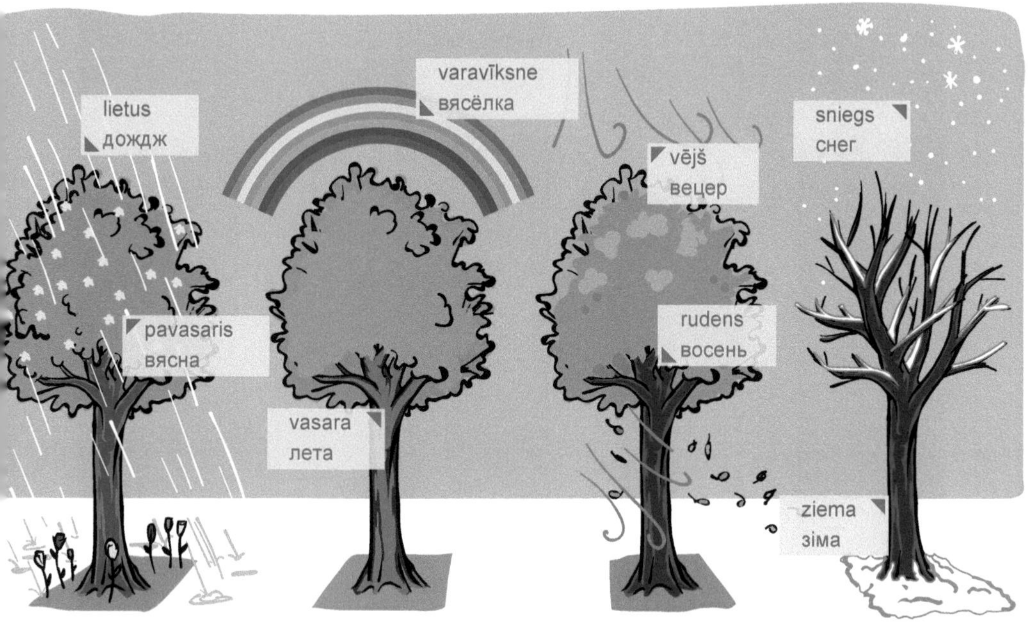

lietus
дождж
varavīksne
вясёлка
vējš
вецер
sniegs
снег
pavasaris
вясна
rudens
восень
vasara
лета
ziema
зіма

4.APRIL 11°
5.APRIL 4°
6.APRIL 13°
7.APRIL 8°
8.APRIL 10°

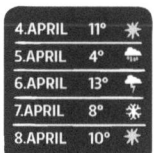

laika prognoze

прагноз надвор'я

F
C
120
90
60
30
0
-30
40
30
20
10
0
-10
-20

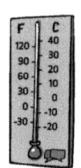

termometrs

градуснік

saules gaisma

сонечнае святло

mākonis

воблака

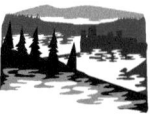

migla

туман

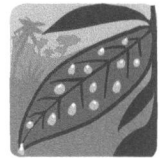

gaisa mitrums

вільготнасць паветра

zibens

маланка

pērkons

гром

vētra

бура

krusa

град

musons

мусонны вецер

plūdi

прыліў

ledus

лёд

janvāris

студзень

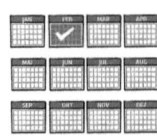

februāris

люты

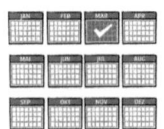

marts

сакавік

aprīlis

красавік

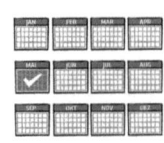

maijs

май

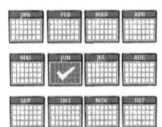

jūnijs

чэрвень

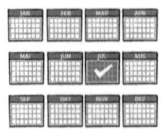

jūlijs

ліпень

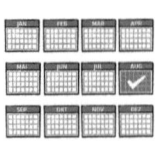

augusts

жнівень

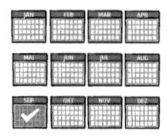

septembris
....
верасень

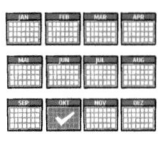

oktobris
....
кастрычнік

novembris
....
лістапад

decembris
....
снежань

formas
формы

aplis
....
круг

kvadrāts

квадрат

četrstūris
....
прамавугольнік

trīsstūris
....
трохвугольнік

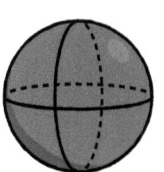

lode
....
шар

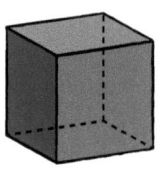

kubs
....
куб

balts
белы

dzeltens
жоўты

oranžs
аранжавы

sārts
ружовы

sarkans
чырвоны

lillā
фіялетавы

zils
сіні

zaļš
зялёны

brūns
карычневы

pelēks
шэры

melns
чорны

daudz / maz

шмат / мала

saniknots / miermīlīgs

злы / добры

skaists / neglīts

прыгожы / брыдкі

sākums / beigas

пачатак / канец

liels / mazs

высокі / малы

gaišs / tumšs

светлы / цёмны

brālis / māsa

сястра / брат

tīrs / netīrs

чысты / брудны

pilnīgs / nepilnīgs

поўны / няпоўны

diena / nakts

дзень / ноч

miris / dzīvs

мёртвы / жывы

plats / šaurs

шырокі / вузкі

baudāms / nebaudāms

ядомы / неядомы

nikns / laipns

злы / добры

satraukts / garlaikots

узбуджаны / нудны

resns / tievs

тоўсты / тонкі

pirmais /pēdējais

першы / апошні

draugs / ienaidnieks

сябар / вораг

pilns / tukšs

поўны / пусты

ciets / mīksts

цвёрды / мяккі

smags / viegls

важкі / лёгкі

izsalkums / slāpes

голад / смага

slims / vesels

хворы / здаровы

nelegāls / legāls

нелегальны / легальны

inteliģents / dumjš

разумны / дурны

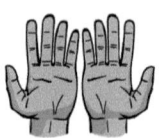

kreisais / labais

левы / правы

tuvu / tālu

побач / далёка

jauns / lietots
новы / былы ва ўжыванні

nekas / kaut kas
нічога / нешта

vecs / jauns
стары / малады

ieslēgts / izslēgts
укл / выкл

atvērts / slēgts
адчынены / зачынены

kluss / skaļš
ціхі / гучны

bagāts / nabags
багаты / бедны

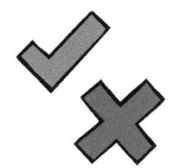

pareizi / nepareizi
правільна / няправільна

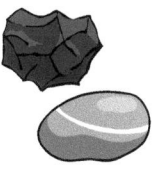

raupjš / gluds
шурпаты / гладкі

noskumis / laimīgs
сумны / шчаслівы

īss / garš
кароткі / доўгі

lēns / ātrs
павольны / хуткі

slapjš / sauss
вільготны / сухі

silts / vēss
цёплы / халаднаваты

karš / miers
вайна / мір

0

nulle

нуль

1

viens

адзін

2

divi

два

3

trīs

тры

4

četri

чатыры

5

pieci

пяць

6

seši

шэсць

7

septiņi

сем

8

astoņi

восем

9

deviņi

дзевяць

10

desmit

дзесяць

11

vienpadsmit

адзінаццаць

12

divpadsmit

дванаццаць

13

trīspadsmit

трынаццаць

14

četrpadsmit

чатырнаццаць

15

piecpadsmit

пятнаццаць

16

sešpadsmit

шаснаццаць

17

septiņpadsmit

сямнаццаць

18

astoņpadsmit

васямнаццаць

19

deviņpadsmit

дзевятнаццаць

20

divdesmit

дваццаць

100

simts

сто

1.000

tūkstotis

тысяча

1.000.000

miljons

мільён

anglu

англійская

amerikāņu anglu

англійская (Амерыка)

ķīniešu mandarīnu valoda

кітайская мандарынская

hindi

хіндзі

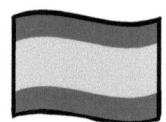

spāņu

іспанская

franču

французская

arābu

арабская

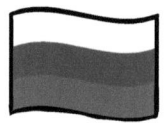

krievu

руская

portugāļu

партугальская

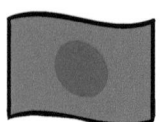

bengāļu

бенгальская

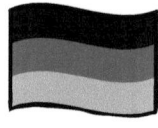

vācu

нямецкая

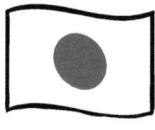

japāņu

японская

es

я

tu

ты

viņš / viņa

ён / яна / яно

mēs

мы

jūs

вы

viņi / viņas

яны

kas?

хто?

ko?

што?

kā?

як?

kur?

дзе?

kad?

калі?

vārds

імя

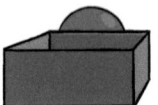

aiz

за

iekšā

у

priekšā

перад

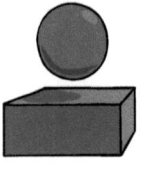

virs

над

uz

на

zem

пад

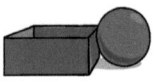

blakus

каля

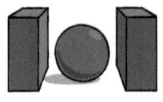

starp

паміж

vieta

месца